CONSIDÉRATIONS

SUR

LE DÉCROISSEMENT GRADUEL

DU PAUPÉRISME

A PARIS

DEPUIS LE COMMENCEMENT DU SIÈCLE

ET

LES CAUSES DES PROGRÈS MORAUX ET ÉCONOMIQUES
DES CLASSES OUVRIÈRES

PAR M. VÉE

Membre de la Société d'Économie politique

(*Extrait du* JOURNAL DES ÉCONOMISTES, Novembre 1862)

LIBRAIRIE DE GUILLAUMIN ET Cᵉ, ÉDITEURS

RUE RICHELIEU, 14

—

1862

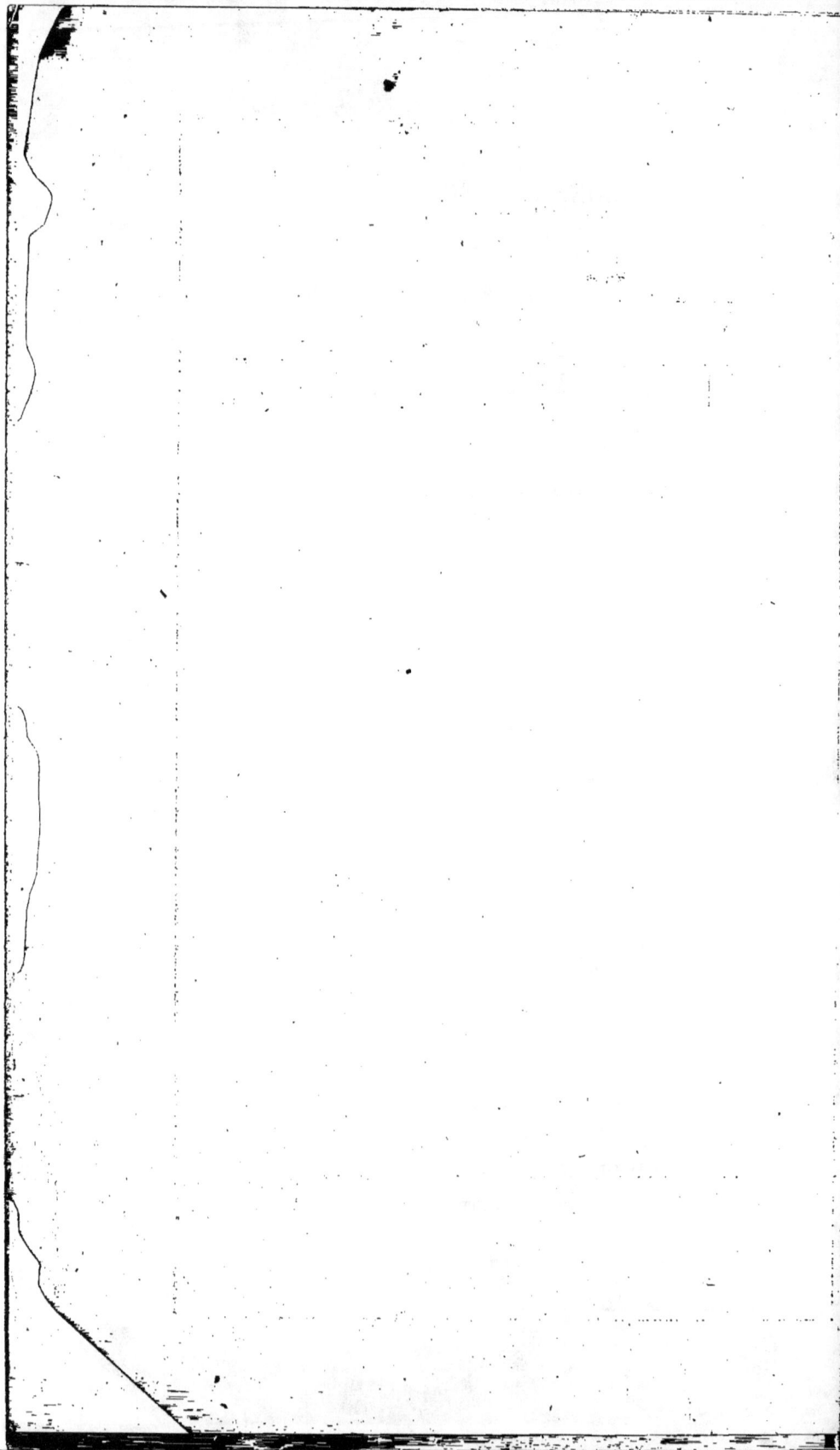

CONSIDÉRATIONS

SUR

LE DÉCROISSEMENT GRADUEL

DU PAUPÉRISME

A PARIS

DEPUIS LE COMMENCEMENT DU SIÈCLE

ET

LES CAUSES DES PROGRÈS MORAUX ET ÉCONOMIQUES
DES CLASSES OUVRIÈRES

PAR M. VÉE

Membre de la Société d'Économie politique

(*Extrait du* JOURNAL DES ÉCONOMISTES, Novembre 1862)

LIBRAIRIE DE GUILLAUMIN ET Cᵉ, ÉDITEURS

RUE RICHELIEU, 14

1862

CONSIDÉRATIONS

SUR

LE DÉCROISSEMENT GRADUEL DU PAUPÉRISME

A PARIS

DEPUIS LE COMMENCEMENT DU SIÈCLE

ET

LES CAUSES DES PROGRÈS MORAUX ET ÉCONOMIQUES DES CLASSES OUVRIÈRES

A L'OCCASION DES TABLEAUX STATISTIQUES DU RECENSEMENT
DE LA POPULATION INDIGENTE, PUBLIÉS PAR L'ADMINISTRATION GÉNÉRALE
DE L'ASSISTANCE PUBLIQUE

Au milieu des plaintes si générales et si accentuées qu'on entend s'élever de toutes parts contre le fléau du paupérisme, qui envahit, dit-on, les sociétés modernes, c'était un fait assurément intéressant à consulter et à étudier, que celui qui est indiqué par le titre même de ce travail. Bien qu'il ne s'applique qu'aux seuls habitants de Paris, cette grande cité a trop d'importance, à cause de son immense population, de sa constitution si variée, comme ville d'industrie, de commerce ou de luxe, pour que la science ne trouve pas à élucider ou à confirmer quelques-uns de ses principes généraux par des observations pratiques recueillies dans un milieu si intéressant.

Mais, précisément parce que les résultats numériques sur lesquels nous nous appuyons peuvent choquer des idées préconçues, il sera nécessaire de faire voir d'abord quelle est la valeur des chiffres statistiques sur lesquels nous avons établi nos déductions, en exposant par quels moyens ils ont été obtenus. Nous aurons ensuite à rechercher les causes des modifications successives qu'ils indiquent dans l'état de la population ; et, si nous les avons suffisamment comprises, notre étude servira à démontrer comment l'aisance et la moralité, basées sur les progrès d'une instruction et d'une liberté relatives, se sont développées parallèlement, et doivent s'accroître encore dans l'avenir chez le peuple de Paris.

STATISTIQUE DES INDIGENTS A PARIS

La distribution des secours à domicile et la désignation des personnes qui doivent en profiter sont faites à Paris par des Bureaux de bienfaisance établis dans chacun des arrondissements municipaux entre lesquels le territoire et la population de cette ville se trouvent partagés.

La majeure partie des secours ainsi distribués provient de subventions de diverses natures, réparties entre ces Bureaux par l'administration générale de l'assistance publique. La valeur des subventions est proportionnée au chiffre de la population indigente inscrite dans chacun des arrondissements.

Il existe donc un grand intérêt à ce que ce chiffre soit rigoureusement constaté ; aussi, tous les trois ans, un recensement officiel est opéré par des agents de l'administration centrale, en présence des administrateurs des bureaux d'arrondissement et contradictoirement avec eux. La vérification porte non-seulement sur la présence réelle des indigents au domicile indiqué, sur le nombre de personnes qui composent leurs familles, mais aussi sur l'application plus ou moins exacte qui a été faite du règlement général qui détermine les conditions d'admission aux secours. On voit donc que, dans ces conditions, les résultats numériques obtenus doivent offrir toutes les garanties désirables pour leur exactitude.

Le premier recensement opéré dans ces conditions a été effectué en 1829. A partir de cette époque, il a été renouvelé tous les trois ans, jusqu'en 1856 inclusivement. En suivant l'usage adopté, il aurait dû être opéré pour la dernière fois en 1859. Mais, cette année même, fut décrétée la mesure de l'agrandissement de Paris; il devenait alors nécessaire de réorganiser les bureaux de bienfaisance et d'en augmenter le nombre. Dans cette situation, l'opération du recensement ne pouvait avoir d'effet utile que lorsque la population indigente se trouverait régulièrement inscrite dans ses nouveaux cadres ; l'exécution de cette mesure fut, en conséquence, remise à l'année 1861.

Les circonstances qui avaient nécessité cet ajournement donnaient un vif intérêt aux résultats qu'allait offrir le nouveau recensement; car si, dans les détails, il n'était plus exactement comparable à ceux des années précédentes opérés dans des circonscriptions administratives qui venaient de disparaître, on attendait avec une certaine anxiété ce qu'allait produire, au point de vue du paupérisme officiel, la fusion consommée des communes suburbaines avec le vieux Paris, dont elles n'avaient été jusque-là que la ceinture extérieure. On savait, en effet, depuis longtemps, qu'elles servaient de refuge aux misères qui, pour diverses causes, désertaient successivement le centre de la ville ; celle-ci venait de se les assimiler de nouveau en éloignant ses barrières. Nous allons dire un peu plus loin ce que cette opération a constaté effectivement.

L'administration de l'assistance publique avait toujours eu le soin, après chaque recensement, de faire imprimer un tableau qui présentait la situation comparative de la population indigente pour chacun des arrondissements de Paris, avec des indications détaillées sur l'âge, le taux des loyers, le nombre d'enfants et les professions diverses exercées par les chefs de ménage indigents.

La même forme a encore été adoptée pour la publication qui vient d'être effectuée des résultats du dernier recensement; mais le directeur de l'administration générale de l'assistance publique, M. Husson, qui ne perd aucune occasion de servir la science, en même temps que les intérêts bien entendus de ses administrés, a voulu, cette fois, reproduire, en même temps que les documents les plus récents, tous les chiffres des recensements antérieurs à dater de 1829. Il y a joint des renseignements non moins intéressants, quoique établis avec les données plus vagues que comportait l'état jadis si imparfait de l'organisation administrative des secours, sur la situation de la population indigente de Paris depuis le commencement du siècle actuel.

Voici le tableau des résultats généraux donnés par ces divers documents, dans lesquels nous avons intercalé aussi le chiffre des nécessiteux secourus extraordinairement en 1848, non plus comme indigents inscrits d'une manière permanente sur le contrôle de l'assistance publique, mais comme ouvriers temporairement inoccupés :

NOMBRES APPROXIMATIFS.

Années.	Population générale de Paris.	Population indigente de Paris.	Rapport d la population indigente à la population générale.
1802.....	547,116	113,526	1 indigent sur 4.90 hab.
1811.....	622,686	116,670	1 — — 5.05 —
1817.....	713,966	84,461	1 — — 8.72 —

NOMBRES OFFICIELS.

1829.....	816,486	62,705	1 — — 13.02 —
1832.....	770,286	68,986	1 — — 11.16 —
1835.....	770,286	62,539	1 — — 12.32 —
1838.....	899,313	58,500	1 — — 15.37 —
1841.....	884,780	66,487	1 — — 13.30 —
1844.....	912,033	66,148	1 — — 13.78 —
1847.....	1,034,196	73,901	1 — — 13.99 —
1848 (juil.)	1,034,196	243,761	1 — — 4.20 —
1850.....	1,034,196	63,133	1 — — 16.38 —
1853.....	1,053,262	65,264	1 — — 16.13 —
1856.....	1,151,978	69,424	1 — — 16.59 —
1861.....	1,667,841	90,287	1 — — 18.47 —

En dehors des secours extraordinaires donnés en 1848, et malgré quelques oscillations dont nous allons plus loin rechercher ou indiquer les causes, il est impossible de n'être pas frappé de la marche constamment décroissante du paupérisme officiel à Paris pendant la longue période d'années comprise dans notre tableau.

Voici d'ailleurs une autre série de la même nature qui doit venir confirmer les conséquences générales que nous aurons à en tirer. En effet, depuis 1829 l'administration a fait constater soigneusement, lors du recensement, l'origine des chefs de ménage indigents, ce qui a permis de connaître le nombre de ceux qui sont nés à Paris et d'en comparer le nombre à celui des indigents nés dans les départements et à l'étranger. Les chiffres qui suivent donnent la proportion relative de ces éléments de la population indigente, constatés par chaque recensement :

Années 1829	Parisiens 29	pour 100 indigents.
— 1832	— 31	— —
— 1835	— 31	— —
— 1838	— 29	— —
— 1841	— 28	— —
— 1844	— 29	— —
— 1847	— 27	— —
— 1850	— 24	— —
— 1853	— 27	— —
— 1856	— 25	— —
— 1861	— 23	— —

Ces nombres constatent que, dans les races si mêlées qui constituent toujours, à un moment donné, la population de notre grande capitale, c'est l'élément parisien qui réagit avec le plus d'énergie et de succès contre les causes de misère. On voit, en effet, qu'on n'a pas trouvé, lors du dernier recensement, beaucoup plus d'un *cinquième* de Parisiens pour la totalité des indigents inscrits, et ceux-ci, ne donnant eux-mêmes qu'une proportion de 5,50 pour cent de la population générale, il en résulte que Paris ne voit en ce moment que la *centième* partie de ses enfants (1,15) figurer sur les contrôles des bureaux de bienfaisance.

Lorsqu'en 1845 nous avons donné dans ce journal (1) nos premières appréciations sur l'état des secours publics à Paris, nous avions déjà prévu ce résultat, car nous disions, en parlant du paupérisme : « Mena-çant fantôme, les terreurs qu'il inspire et les fausses mesures qu'elles font prendre lui ont souvent, il est vrai, donné une triste réalité ; mais, en France, qu'on ose le regarder fixement et de sang-froid, ses gigan-tesques proportions vont bientôt s'évanouir. Assurément ce n'est pas nous qui voudrions nier la misère du peuple : autour de nous l'âge, la maladie, les diverses chances de travail, l'incapacité morale ou intellec-tuelle, toutes les infirmités de notre nature désolent et déciment un trop grand nombre de nos semblables pour que nous n'en soyons pas doulou-reusement frappé. Peut-être le mal est-il rendu plus sensible par le con-traste qu'il forme avec l'opulence toujours croissante de la nation ;

(1) Tome X, p. 224. *Du Paupérisme et des secours publics*. In-18. Guil-laumin et Cᵉ. 1849.

probablement aussi et nous n'avons pas à nous en plaindre, il est de mieux en mieux apprécié et plus vivement senti. Ce que nous contestons, c'est que, dans notre pays au moins, ce mal aille en s'augmentant, c'est qu'il s'aggrave en raison des progrès de l'industrie.

« Les mauvaises mœurs, les mauvaises lois, donnent seules naissance au paupérisme. Nous entendons par là cet état permanent d'une classe de citoyens qui ne peuvent ou ne veulent pas vivre de leur travail, ne subsistant que par les secours qu'ils reçoivent... »

Depuis que nous avons écrit ces lignes, il y a bientôt vingt ans, la population parisienne a traversé bien des épreuves, les circonstances les plus désastreuses sont venues successivement la frapper. Épidémies, disettes, révolutions, chômages, tout a pesé sur elle avec une grande intensité. Ces épreuves, elle les a fermement supportées ; notre statistique ne peut laisser aucun doute à cet égard. D'où vient le progrès qu'elle signale ? Les lois et les mœurs se seraient-elles améliorées dans notre pays ? Beaucoup de nos lecteurs pourraient répondre affirmativement sur le premier point et se refuser absolument à croire possible de donner une solution favorable sur le second. Cependant il nous faut prouver qu'ici encore le principe n'a pas failli, et jetant un coup d'œil rapide, à ce point de vue, sur l'histoire de la population parisienne, étudier les faits moraux et économiques à l'influence desquels Paris a dû d'avoir vu restreindre le développement de l'indigence dans son enceinte, et constater d'ailleurs, en remontant dans un passé lointain, que jamais la situation n'a été meilleure qu'aujourd'hui sous ce rapport.

ÉTAT ANCIEN DE L'INDIGENCE A PARIS

Nous n'avons aucun document positif, de la nature de ceux publiés aujourd'hui, qui puisse nous permettre de dire quelle était au moyen âge la proportion de la partie de la population parisienne qui vivait de secours provenant de diverses sources. Les fondations pieuses et charitables étaient nombreuses, richement dotées, et bien que de nombreux abus aient détourné trop souvent leurs revenus de l'usage auquel ils étaient destinés, une foule de pauvres, de malades, d'infirmes, leur devaient un refuge et des soulagements de toute espèce. Cependant, malgré leur action bienfaisante, la misère et la démoralisation semblent avoir été alors le partage de la multitude. La *Grande Truanderie*, les *Miracles* des Gueux, ont stigmatisé, jusqu'aujourd'hui, de leurs dénominations quelques-unes de nos voies publiques ; comme la débauche et le vol audacieux avaient aussi imposé à d'autres rues de Paris de cyniques qualifications, que l'édilité a justement fait disparaître, lorsque le progrès des mœurs ne pouvait plus en supporter la grossière expression.

Au xv⁵ et au xvi⁵ siècle, au milieu des troubles civils et du déchaînement des luttes religieuses, l'intelligence s'éclairait cependant par la renaissance des lettres et des arts, l'esprit administratif commençait aussi à naître. Certains actes publics témoignent de la sollicitude qui s'éveillait chez les autorités municipales pour arrêter le flot de la misère qui montait toujours et en adoucir la souffrance; mais, dans l'excès de leur zèle, il s'en fallut de peu que la charité légale obligatoire ne prît racine en France, à l'époque même où elle naissait aussi en Angleterre; mais aucune statistique ne constate les proportions relatives des secours distribués; il n'entrait pas dans l'esprit du temps d'étudier patiemment les causes de l'indigence et de remonter à sa source pour la tarir.

Au xvii⁵ siècle, le pouvoir unitaire et despotique qui régnait alors établissait l'ordre à sa manière dans toutes les parties du corps social, dont il cherchait d'une main à guérir les plaies par les remèdes les plus héroïques, tandis qu'il les avivait de l'autre par les charges qu'imposaient aux peuples des guerres interminables et les prodigalités d'une cour somptueuse à l'excès. Parmi ces plaies, la mendicité était une des plus odieuses, parce qu'elle était générale et s'étalait au grand jour. Louis XIV en tenta la suppression avec ce mélange de magnificence dans les institutions et de dureté dans les procédés, qui forme le **caractère** ordinaire des actes de son gouvernement.

L'histoire de la création de l'hôpital général, les édits portés pour y renfermer les pauvres et les mendiants, les luttes armées qu'ils occasionnèrent avec la population, sont trop connus pour que nous entrions ici dans plus de détails à leur sujet. Nous n'avons qu'à les indiquer pour remplir le but que nous nous proposons. Nous rappelons encore que les mesures acerbes édictées par Louis XIV contre la mendicité qui envahissait Paris furent renouvelées plusieurs fois sans succès dans les premières années du règne de Louis XV; elles suffisent pour constater à quel degré la misère sévissait encore dans les temps qui ont précédé immédiatement le nôtre.

Cependant le même siècle, où le pouvoir édictait ces durs règlements pour la police des pauvres et élevait des prisons sous le nom d'hospices pour les renfermer, voyait naître enfin le véritable esprit de charité des sociétés modernes. Il se manifestait avec son ingénieuse et douce expression dans les institutions fondées par saint Vincent de Paul ; et, plus tardivement, on vit l'opinion publique s'émouvoir enfin au tableau du triste régime intérieur des hôpitaux parisiens, régime qui fut mis en lumière par des écrivains philanthropes, dans les études et les projets qui furent présentés de toutes parts pour améliorer ces établissements.

C'était, en effet, l'époque de cette fièvre d'idées généreuses, de ce besoin universel de progrès sociaux, qui précédait les premiers jours de la Révolution française. L'Assemblée nationale, convoquée sous l'empire de ce mouvement, ne pouvait rester étrangère à la nécessité d'une étude complète des principes sur lesquels devait être basée la bienfaisance publique. Nous ne dirons rien cependant des travaux considérables et d'ailleurs bien connus qui furent faits dans son sein sur le paupérisme, et dont le duc de Larochefoucault-Liancourt fut le rapporteur. Nous devons nous en tenir ici à l'histoire des faits accomplis en ce qui touche la population de Paris, qui subissait alors à la fois, avec les expériences et les tâtonnements d'une nouvelle organisation administrative de l'assistance publique en harmonie avec les principes nouveaux qui venaient de prévaloir, les nécessités urgentes que ne manquent pas de créer les troubles publics, la suspension des travaux et des relations dans le commerce et dans l'industrie, qui sont le contre-coup nécessaire des agitations politiques.

Sous l'empire de ces circonstances, une commission municipale de bienfaisance fut créée à Paris en 1791 ; elle établit un contrôle général des indigents secourus, sur lequel elle inscrivit 120,000 personnes : c'était le quart de la population générale de Paris, qui était évaluée alors à 550,000 habitants. Nous verrons cette proportion se reproduire encore à des époques éloignées l'une de l'autre, mais signalées aussi par des déchirements intérieurs.

Il faut renoncer à suivre, même approximativement, la proportion de l'indigence officielle à Paris dans les années qui suivirent ; elle se confond dans le tourbillon des événements révolutionnaires. Nous savons cependant que des distributions s'opéraient dans les quarante-huit quartiers de Paris désignés sous le nom de Sections, et qu'être inscrit à la *Section* équivalait à l'inscription actuelle aux secours des bureaux de bienfaisance. Mais l'autorité centrale ne contrôlait pas ces distributions, qui s'opéraient sous l'influence de la misère des uns, des exigences des autres, au milieu de l'effervescence générale, du chômage de toutes les industries, de la ruine universelle causée par la dépréciation des assignats, des décrets contre les accapareurs, de la fixation du *maximum* du prix des denrées, de l'affreuse disette qui en fut la suite, disette qui réduisit l'immense population parisienne à recevoir chaque jour une ration insuffisante, par tête, de pommes de terre et de pain noir, qu'une foule affamée se disputait en stationnant, chaque matin, dès avant l'aube, à la porte des boulangers. Nous n'avons pas, d'ailleurs, à demander aux administrations directoriales et consulaires un compte bien exact de ce qui fut fait pour soulager l'horrible misère qui dura encore quelque temps malgré le calme relatif qui se rétablissait peu à peu, et nous arrivons à l'année 1802, qui commence notre tableau, avec 111,000 indigents inscrits pour 547,000 habitants, c'est-à-dire un chiffre proportionnellement presque identique à celui donné par l'administration municipale en 1791.

PAUPÉRISME PARISIEN A L'ÉPOQUE MODERNE·

Un document daté de vendémiaire an X donne, pour la première fois, des renseignements très-détaillés et très-précis sur la population indigente comparée à la population générale, non-seulement par arrondissement, comme nous le faisons actuellement, mais pour chacun des quarante-huit quartiers qui avaient alors remplacé les sections révolutionnaires ; il est curieux d'y voir à quel point le paupérisme sévissait encore dans quelques localités.

Nous y voyons, d'ailleurs, qu'à cette époque comme aujourd'hui, les arrondissements de l'ouest de Paris, c'est-à-dire les quartiers des Tuileries, Saint-Honoré et de la Chaussée-d'Antin, renfermaient relativement le plus faible nombre d'indigents ; les pauvres y formaient alors pourtant le dixième de la population générale (ils n'y comptent aujourd'hui que pour un *quarante-deuxième*). A l'est, les quartiers des faubourgs Saint-Antoine et Saint-Marcel avaient plus du *tiers* de leur population générale inscrite aux secours publics. Le quartier du Jardin-des-Plantes avait 5,892 indigents sur 11,942 habitants ; celui des Quinze-Vingts, 7,248 sur 15,498; celui de Popincourt, 4,319 sur 8,192, c'est-à-dire plus de la *moitié !* (Le quartier le plus malheureux de Paris, celui des Gobelins, n'en a aujourd'hui que la *septième* partie.)

L'année 1811, qui a fourni les chiffres qui suivent ceux que nous venons de donner, offre une proportion un peu meilleure, c'est-à-dire 1 indigent sur 5 habitants. Malgré les malheurs causés par les grandes guerres de l'Empire, la stagnation du commerce et de l'industrie qui en était la conséquence nécessaire, les effets du calme et de l'ordre intérieur qui avait été rétabli produisirent cette légère amélioration.

Le progrès devint bien plus sensible en 1817, où le recensement n'a plus donné que 1 indigent sur 8,72, c'est-à-dire presque sur 9 habitants. Cependant les funestes effets de l'invasion étrangère et des affreuses disettes de 1815 et 1816 se faisaient encore sentir dans toute leur intensité. C'est à la bonne organisation administrative de l'assistance à domicile, adoptée à Paris en 1816, et aux réformes utiles qui en découlaient, que nous croyons devoir attribuer cette amélioration naissante.

Les chiffres consignés sur notre tableau présentent ensuite un intervalle de douze années ; mais aussi c'est à partir de 1829 que les recensements de la population indigente deviennent périodiques et se poursuivent sur des données parfaitement comparables.

Les bienfaits de la paix et d'un gouvernement régulier avaient agi pendant cette longue période, et nous trouvons, en 1829, la proportion de la population indigente réduite à 1 sur 13 habitants ; en 1832, elle rétrograde à 1 sur 12. Une révolution, des émeutes, les premières invasions du choléra avaient en effet agi d'une manière défavorable dans l'intervalle de ces deux recensements. L'amélioration reprend et continue ensuite, les années suivantes, avec de faibles oscillations, jusqu'aux chiffres anormaux offerts par l'année 1848. Nous avons dit plus haut que ces renseignements, intercalés dans notre tableau, ne résultaient pas des recensements ordinaires de l'administration de l'assistance publique ; ils sont extraits des documents communiqués à cette époque à la commission municipale chargée de surveiller la distribution des secours extraordinaires à la population de Paris au moyen du crédit spécial de six millions voté par l'Assemblée nationale à la suite de l'insurrection de juin et de la dissolution des ateliers nationaux. C'étaient, en effet, des secours destinés à prévenir les effets du chômage du travail, qui était alors presque universel à Paris. Le soin de leur application était confié aux maires d'arrondissement ; ils étaient distribués, en général, d'après des procédés tout différents de ceux adoptés par l'administration de l'assistance publique, quoique sur quelques points on lui eût emprunté ses moyens d'action et ses agents gratuits ou salariés.

Ces chiffres ont d'ailleurs un intérêt tout particulier, relativement aux conclusions générales que nous devrons indiquer comme découlant de l'ensemble de notre travail, car ils peuvent servir à constater quelques faits intéressants.

L'un de ces faits est l'identité proportionnelle du chiffre des individus secourus au commencement et à la fin de la longue période révolutionnaire, qui commence en 1791 et finit en 1802, c'est-à-dire 1 sur 4 ou 4,90 habitants aux deux époques que nous venons de citer, avec ceux de la courte révolution de 1848, où nous voyons aussi à Paris 1 individu sur 4,20 habitants venir réclamer des secours.

Mais nous voulons surtout appeler l'attention sur un fait fort remarquable pour les économistes qui connaissent les dangers moraux des secours publics, c'est-à-dire les habitudes d'inertie de l'intelligence et d'indignité personnelle que la charité légale crée si facilement et qu'on n'extirpe ensuite qu'avec tant de peine. A ce point de vue, il est impossible de ne point admirer ici la merveilleuse promptitude avec laquelle, à l'époque que nous signalons à Paris, la foule, forcément oisive et nourrie pendant plusieurs mois aux dépens du trésor public, est retournée ensuite au travail, lorsque le travail a reparu, et de s'applaudir de voir l'indigence officielle et permanente qui aurait pu s'en trouver accrue, continuer, malgré cette circonstance, sa marche progressivement descendante.

On voit, en effet, que le recensement ordinaire de l'administration, qui avait constaté que 1 habitant de Paris sur 13,97 était inscrit au contrôle des indigents en 1847, année qui a précédé la révolution, n'en montra plus, pendant les premiers mois de 1850, c'est-à-dire moins de deux ans après, que 1 sur 16,38, chiffre qui s'est maintenu depuis.

Ainsi, non-seulement tous les ouvriers qui avaient accepté des secours pendant le chômage causé par les événements révolutionnaires, et dont beaucoup étaient certainement dans les conditions réglementaires d'admission définitive au contrôle des indigents, ont courageusement répudié l'habitude du secours, mais encore la reprise du travail industriel, qui fut si prompte et si marquée à cette époque, avait produit son effet

ordinaire en amoindrissant la masse des individus précédemment inscrits. Un si heureux résultat est-il dû à la vigueur d'intelligence, au
sentiment de la dignité personnelle qui caractérisent le peuple de Paris,
ou à une bonne organisation administrative de la bienfaisance qui permet d'en écarter les parasites ? L'une et l'autre de ces causes a pu avoir
part au résultat, mais c'est à la première surtout que nous l'attribuons
principalement.

Le dernier chiffre inscrit au tableau est celui donné par le recensement opéré l'année dernière. Il ne constate plus que 1 indigent sur
18,47 habitants. Mais ce résultat, le plus favorable de tous, ne doit
cependant être adopté qu'avec réserve et demande quelques explica-
tions.

En effet, les populations des communes dont les territoires viennent
d'être annexés à ceux de l'ancien Paris sont évidemment plus pauvres
et se trouvent généralement dans des conditions morales et économiques
d'une infériorité notable, relativement aux quartiers du centre sur lesquels seuls portent les anciens recensements. On devait donc s'attendre
à voir la proportion générale de la population indigente se relever
par le nouveau recensement. Une telle situation aurait été certainement
constatée si cette population nécessiteuse, englobée presque inopinément
dans la nouvelle organisation municipale, en avait connu immédiatement les avantages et les conditions dans lesquelles elle pouvait obtenir
les secours ; comme il n'en est pas ainsi, et les admissions au contrôle
des indigents ne s'opérant que successivement dans les nouveaux arrondissements, on doit s'attendre à en voir le nombre proportionnellement accru lors du prochain recensement, sans pouvoir en rien conclure
de défavorable à la continuation du progrès que nous avons constaté
jusqu'ici, et dont nous allons avoir à rechercher les causes.

CAUSES DES PROGRÈS DE LA POPULATION PARISIENNE

Nous avons suivi dans ses diverses phases la décroissance succes-
sive de l'indigence officielle à Paris, en la rapportant aux événements
divers et aux accidents politiques que la suite des années a vus se produire depuis le commencement du siècle. Nous devons aborder main-

tenant la recherche des causes permanentes de l'amélioration ainsi manifestée ; elles se trouveront dans les conditions morales et économiques où s'est heureusement trouvée la population parisienne, et qui ne sont autres que celles qui doivent favoriser tout progrès social, c'est-à-dire :

I. L'aisance acquise par la liberté d'un travail intelligent ;

II. L'intelligence se développant en même temps par l'aisance et l'instruction personnelle qu'elle permet d'acquérir ;

III. La moralité s'élevant avec l'intelligence ;

IV. L'action de quelques institutions publiques aidant au progrès populaire.

PROGRÈS ACCOMPLIS PAR LA LIBERTÉ DU TRAVAIL

Quoique le régime de la réglementation administrative soit appliqué au commerce de Paris, principalement en ce qui concerne la vente des denrées alimentaires, et aux industries insalubres ou incommodes, cependant cette ville a profité plus que toute autre en France de la liberté du travail individuel résultant de l'abolition des jurandes et maîtrises.

La fabrique des articles de Paris, qui n'a pas de rivale pour le bon goût et la multiplicité des objets qu'elle a su créer et qu'elle crée encore chaque jour, pour servir les besoins et même les caprices du monde entier qu'elle approvisionne, ou auquel elle fournit des modèles, ne saurait prospérer que par la liberté.

Protée aux formes infinies, sachant allier dans ses créations artistiques, dans ses milles fantaisies, et jusque dans des babioles de quelques centimes, toutes les matières et toutes les industries, comment aurait-elle vécu sur le lit de Procuste qu'offrait jadis au travail parisien la jalouse réglementation des *Corps de métiers*.

Non-seulement, à cette fabrique, il fallait la liberté pour naître, pour vivre, pour prospérer, mais il lui fallait encore la paix ; aussi, quels prodigieux ne furent pas ses développements lorsqu'elle put jouir de toutes deux à la fois, lorsque fut enfin passée cette ère de gloire douloureuse pendant laquelle toutes les forces de la France s'absorbaient à produire des armes, du salpêtre et des soldats! et comme notre statistique, baromètre fidèle, assure aussitôt par la décroissance du paupérisme le retour d'une atmosphère plus sereine!

Rien, au surplus, on le comprend sans peine, n'est plus propre à développer l'intelligence dans les masses qui y concourent que des industries aussi variées que les nôtres. Industries qui comprennent à la fois et des établissements d'une étendue colossale, et d'autres, aussi, accessibles à de petits entrepreneurs, à de simples ouvriers travaillant pour leur compte personnel ; toujours en lutte pour inventer et pour mieux faire, et se recrutant sans cesse dans cette population qui, accourant de tous les points de la France, réunit ainsi l'ardente imagination des méridionaux au flegme calculateur du nord.

Aussi, dès l'abord, et au point de vue seulement économique et industriel, on voit qu'à Paris les classes laborieuses se sont trouvées dans d'excellentes conditions pour s'élever graduellement à l'aisance. Mais ceci ne suffirait pas encore pour expliquer tous les progrès ; voyons plus loin quelles en ont été les conséquences. L'aisance acquise par l'intelligence fait nécessairement désirer à celui qui l'obtient de développer chez lui-même ou chez les siens l'instrument qui l'a si bien servi ; le travail des mains, si habile qu'il soit, ne lui suffit plus ; il faut le compléter par l'instruction de l'esprit, par de bons aliments fournis à la mémoire.

LA MORALITÉ DÉVELOPPÉE PAR L'INSTRUCTION ET L'AISANCE

L'administration parisienne a d'ailleurs compris de bonne heure la nécessité de pourvoir à l'éducation des enfants du peuple, qui, de leur côté, allaient au-devant de tous les moyens qui leur étaient offerts pour leur procurer ce bienfait. L'opinion publique s'en préoccupait, d'heureuses rivalités de système tendaient à multiplier les écoles et à développer les méthodes d'enseignement.

Sous le gouvernement de la Restauration, qui favorisait exclusivement l'extension des écoles congréganistes, l'opinion libérale, qui avait alors une grande force d'expansion, se passionnait pour le système lancastérien d'enseignement mutuel adopté par les institutions laïques, et des associations se formaient pour les encourager. La révolution de Juillet vint changer la face des choses : les écoles congréganistes des deux sexes, ne se trouvant plus soutenues par l'administration, sentirent vivement l'aiguillon de la concurrence, firent de sérieux efforts pour perfectionner leur enseignement et obtinrent de tels succès, que, contre toute attente, sous le régime de liberté qui semblait devoir leur être défavorable, elles virent remplir les bancs et assiéger les portes de leurs écoles par les enfants de ce peuple du faubourg qui les poursuivaient de ses huées quelques années auparavant.

Le gouvernement de Juillet eut le bon esprit de tenir la balance égale, et soutint ainsi une émulation salutaire. Il ôta aux écoles gratuites la dénomination humiliante d'*Écoles de charité*, les fit toutes passer sous le régime municipal, améliora toutes les anciennes et en créa une foule de nouvelles ; aux écoles du jour pour les jeunes enfants, furent annexées des écoles du soir pour les ouvriers adultes qui avaient besoin de réparer l'insuffisance d'une première éducation ; à mesure que l'enseignement s'étendait à de plus grandes masses, il devenait aussi plus complet, on y joignait des cours de dessin industriel, et la méthode de chant de Wilhem se propageait dans les écoles municipales sous la direction de son auteur.

Ainsi s'étendait peu à peu à Paris l'éducation populaire ; avec plus de liberté et plus d'aisance, les masses contractaient des idées plus généreuses et plus élevées sur toutes choses, et, comme conséquence, arrivaient à une douceur et à une élégance relative dans les habitudes de la vie, qui, si elles ne constituent pas toute la moralité désirable, en sont cependant une partie essentielle et peuvent y conduire sous l'influence des mêmes causes. Nous pouvons déjà expliquer, par le progrès de ces idées et de ces habitudes, la diminution graduelle dans l'enceinte de Paris de l'indigence absolue, ou de l'absence de dignité personnelle, qui porte les travailleurs à se laisser inscrire sur les contrôles officiels de la charité légale ou administrative.

Mais, avant d'entrer plus avant dans l'étude des causes diverses qui existent à Paris pour améliorer les habitudes de la population, et de l'action qu'elles ont exercée sur elle, il nous paraît utile de confirmer le langage des chiffres que nous avons fait parler d'abord au seul point de vue du paupérisme, en montrant que la décroissance de celui-ci n'a

été que l'effet d'une loi générale de progrès. Nous demandons la permission d'en constater les effets en rappelant certains aspects de la vie extérieure de cette population qui doivent être encore empreints dans la mémoire des hommes, maintenant clair-semés, qui, comme nous, vieux enfants de Paris, ont pu en être assez frappés dans la première période de leur existence pour en avoir conservé souvenir.

La mémoire de la grossièreté des mœurs qui se manifestait au dehors remonte pour nous aux derniers jours du consulat, à ces temps où certains quartiers de Paris voyaient plus de la moitié de leurs habitants recevant les secours publics; et pourtant ce n'étaient déjà plus les habitudes de ces scènes révolutionnaires dont les traces mal effacées assombrissaient encore quelques parties de la cité, qui déteignait alors sur la population; mais, bien au contraire, c'était le goût des plaisirs renaissant avec le calme, plaisirs dont la forme licencieuse et brutale, alors tolérée quand elle n'était pas provoquée par l'autorité ou par l'opinion publique, caractérise les mœurs d'une époque et paraîtra heureusement à peine croyable à la génération actuelle.

Commençons par rappeler ce qui se passait dans les fêtes publiques et nationales dont les occasions étaient alors assez multipliées. Ces jours-là, avec le feu d'artifice et les lampions de rigueur, venaient l'accompagnement obligé de distributions de vin et de comestibles; actuellement on suit encore cet usage, mais c'est à leur domicile que des familles nécessiteuses reçoivent sans bruit un supplément de secours qui leur permet de passer le jour de fête dans un bien-être relatif; alors un pareil plaisir aurait paru bien fade. On élevait sur les places publiques des échafaudages sur lesquels on voyait des monceaux de pains, de volailles cuites, de cervelas et autres comestibles. A l'heure indiquée, les distributeurs lançaient le tout à la foule avide qui les entourait; elle se précipitait à la curée, se battant, se déchirant, à la grande satisfaction des spectateurs accourus pour jouir de cet ignoble spectacle. Mais, à côté de celui-là, les fontaines de vin en offraient un plus dégoûtant encore : des barriques élevées sur des tréteaux étaient mises en perce, le liquide s'élançait en un jet que cent bras, munis de vases de toute espèce s'efforçaient de recueillir, se poussant, s'approchant pour reculer encore; le vin coulait sur la tête et les vêtements de ces malheureux, il les imprégnait d'une teinte sordide; ainsi trempés et bientôt ivres, la nuit les surprenait roulés dans la poussière des promenades et des rues.

La gaîté du vieux carnaval parisien, qui se meurt étouffé sous le calme des mœurs modernes, provoque encore souvent des paroles de regret à ceux qui n'ont pas vu de quels désordres il s'accompagnait alors. A peine le calendrier en avait-il marqué l'ouverture, que la populace s'emparait de la voie publique et se croyait le droit de faire endurer aux passants paisibles ou affairés, sans respect pour l'âge, le rang ou le sexe, les mystifications les plus absurdes quand elles n'étaient pas dangereuses; leurs vêtements étaient marqués par derrière à la craie ou couverts de quelques loques sordides; elles n'étaient averties de ces souillures que par les huées dont elles étaient poursuivies. Ailleurs des individus masqués ou costumés s'attaquaient mutuellement de paroles apprises dans de petits livres dits *Catéchismes poissards*, imprimés avec la permission ou du moins avec la tolérance de l'autorité, et dont on trouve encore des exemplaires dans les collections de curieux, sinon dans les boutiques des libraires; les expressions les plus dégoûtantes et les plus obscènes y sont prodiguées. C'était en plein boulevard, du haut des voitures ou des balcons des maisons, que ces ordures se débitaient, au milieu d'une foule souriant ou applaudissant, parmi laquelle on voyait stationner sans surprise des personnes que leur rang ou leur éducation aurait dû en éloigner avec dégoût. Ce n'était, au surplus, que la burlesque répétition des avanies que les revendeuses des marchés publics ou *poissardes* faisaient subir chaque matin aux bonnes ménagères trop économes du revenu de la famille pour céder à leurs exigences (1).

Les derniers temps de l'Empire avaient vu disparaître ces saturnales sous l'influence des malheurs qui pesaient sur la France; mais à la paix elles reprirent avec une nouvelle fureur dans les premières années de la Restauration, qui les tolérait comme une habitude des temps passés; mais elles se sont amoindries successivement avec les progrès du bon sens public; l'écho affaibli en retentissait seulement encore dans ces dernières années, le mercredi des cendres, à la descente de la Courtille, dont on ne parlera bientôt plus aussi, nous l'espérons, que comme d'un ridicule souvenir.

D'ailleurs, en dehors même de ces orgies périodiques, combien l'as-

(1) Rien n'est peut-être plus propre à faire constater les progrès des mœurs populaires que l'air décent et les manières convenables des jeunes femmes que l'on voit occuper les places de la Halle aux poissons, comparées à celui des *harengères* de l'ancien régime.

pect et les habitudes ordinaires de la population ouvrière n'étaient-ils pas inférieurs alors à ce que nous sommes accoutumés à voir aujourd'hui ! La grossière ivrognerie était certainement plus répandue ; une statistique habilement étudiée l'a constaté dans ses résultats matériels (1).

Le peuple avait moins de respect de lui-même dans les temps antérieurs, plus d'entraînement aux actes de brutalité et à la violence. Ce n'est certainement pas par une fantaisie d'ornementation coûteuse et de mauvais goût que nous voyons encore quelques vieux cabarets, quelques antiques boutiques de boulangers défendues par des grilles formées de gros barreaux de fer. C'était une nécessité de défense qui avait fait adopter ces solides fermetures, que des glaces fragiles et de brillantes dorures ont successivement remplacées de nos jours.

Enfin, autre signe du temps, quel hideux aspect n'offrait pas à Paris, à l'époque où nous voulons nous reporter encore, la plus triste plaie des grandes villes, la prostitution ! Toute la journée, collée aux vitres de ses repaires, elle appelait de mille manières l'attention des passants ; puis aussitôt qu'arrivait le crépuscule, elle se répandait dans les carrefours, hardie, provocante, mais ignoble ; tandis qu'en costume brillant et plus scandaleuse encore, elle attirait dans les galeries du Palais-Royal, même de la part des provinciaux et des étrangers, une curiosité qu'on n'oserait avouer aujourd'hui. Nous devons sans doute remercier l'administration municipale actuelle d'avoir su soustraire à la vue des tableaux hideux qui, sans son active et salutaire intervention, s'étaleraient sans doute encore à nos yeux. Mais l'administration elle-même, en pareille matière, est aidée aussi par le progrès des mœurs publiques. Les Voyer d'Argenson, dans le siècle dernier, les Treilhard, les Pasquier sous l'Empire et la Restauration n'étaient ni moins fermes, ni moins habiles, ni moins honnêtes gens que les Préfets de police qui leur ont succédé ; s'ils n'ont pas su comme eux faire succéder le bon ordre à la licence, c'est qu'ils n'avaient pas entendu encore cette voix suprême de l'opinion qui avertit et qui soutient.

C'est encore cette opinion publique améliorée qui a obtenu en même temps la fermeture des maisons de jeu qui achevaient de donner au Palais-Royal la triste célébrité d'autrefois ; c'est elle qui a fait supprimer la loterie qui contribuait pour une si grande part à la misère et à

---

(1) Husson, *Consommations de Paris*, p. 215.

la démoralisation. Elle lui a permis, il est vrai, de se montrer encore sous des formes adoucies et pour de pieux motifs ; mais nous espérons qu'elle secondera les efforts que fait l'administration pour en limiter l'extension, et qu'elle pourra en ramener dans quelque temps une nouvelle suppression, cette fois définitive et absolue (1).

Rappelons que, dans son bon temps, la Loterie *Royale* ou *Nationale* avait ses bureaux officiels dans tous les quartiers de Paris, que les numéros gagnants étaient placés en gros caractères dans des tableaux en saillie sur la voie publique, que ses tirages périodiques et à jours fixes, irritaient sans cesse la cupidité, absorbaient les faibles épargnes des travailleurs et principalement des femmes, dont l'imagination ardente ne savait pas résister à ce dangereux mirage. La suppression de la loterie doit compter pour une part notable dans la diminution constatée du paupérisme à Paris.

A l'énumération que nous venons de faire de ces maux du passé éteints pour la génération actuelle, on nous répondra peut-être qu'ils n'ont disparu que pour faire place à d'autres non moins déplorables ; et qu'à la licence de la rue, sur laquelle nous venons d'insister, a succédé celle du théâtre et des bals publics, dont les coryphées ont obtenu de nos jours une si triste célébrité ; ceci est profondément regrettable sans doute, et nous espérons bien qu'un jour nos enfants s'étonneront à leur tour que nous ayons pu supporter tant d'impudicité ; cependant nul ne peut nier, ce nous semble, que de la brutalité cynique qui s'étale dans les carrefours, à la licence qui se renferme dans des lieux où elle n'offense que les yeux qui vont l'y chercher, il y a un sensible progrès, et il nous suffit pour le moment de l'avoir constaté.

Bien d'autres reproches encore peuvent être faits à nos contemporains : vainement, en effet, les produits du travail se sont-ils élevés dans une proportion inespérée, vainement le salaire de beaucoup de travail-

---

(1) Ce n'est pas sans chagrin que, outre les loteries autorisées, nous en voyons le funeste goût progresser chez les enfants et les jeunes personnes, toléré dans les pensionnats, préconisé sous toutes les formes par des institutions et des œuvres religieuses et charitables. Ne voit-on pas, à côté du bien immédiat et matériel qui séduit, le danger de jeter dans les esprits le goût de l'*aléat* qui, une fois éveillé sous une forme en apparence innocente, peut devenir la plus irrésistible et la plus funeste des passions.

leurs a-t-il, à Paris, suivi cette progression; des ouvriers, devenus de véritables artistes, mettent à leur concours des conditions exorbitantes, et en profitent pour partager leur vie entre l'oisiveté du plaisir et l'activité fébrile d'un travail largement payé ; d'ailleurs le luxe des classes supérieures s'est introduit parmi eux, il leur faut des meubles élégants dans leur logis, des draps fins, des soieries, des châles de bon goût pour la toilette de leurs femmes, ou leur propre vêtement, et ils sont devenus accessibles même à ces besoins de convention qu'avaient créés au-dessus d'eux les raffinements des rapports sociaux. Si les cabarets grossiers perdent de leur clientèle, les cafés-concerts, les billards, les spectacles de tous genres, le canotage et jusqu'à la passion des voyages en chemins de fer enlèvent actuellement des sommes incalculables aux produits du travail de l'ouvrier parisien.

Il faut sans doute blâmer quelques-unes des habitudes que nous venons d'indiquer, et frapper surtout sans réserve celle du chômage volontaire, qui est devenu la plaie de certaines industries, au moment même où elles auraient le plus besoin du concours des travailleurs. Mais, parmi ceux-ci, il faut savoir distinguer, et une observation attentive fait bientôt voir que les ouvriers qui abandonnent périodiquement le travail pour dépenser immédiatement le fructueux salaire qu'il leur procure, sont précisément les hommes qui sont restés attardés dans les voies de progrès que nous avons signalées. Ce sont ceux qui n'ont encore contracté que le goût de la boisson ou d'autres sensualités les plus abrutissantes, parce qu'on ne leur a point fait connaître de plaisirs d'un ordre plus élevé. Ils sont au milieu de la civilisation comme ces sauvages américains qui, n'ayant aucune idée de ces besoins prétendus artificiels que donne l'éducation, consomment sans désemparer, et quelquefois jusqu'à ce que mort s'ensuive, au pied des comptoirs anglais, l'eau-de-vie qu'ils reçoivent en échange de riches pelleteries, produits de leurs chasses dans les forêts vierges.

Mais, tout en réservant le blâme que méritent toujours les excès, tout en désirant et en recommandant l'épargne directe, partout où elle est possible, on doit constater au moins comme un progrès relatif le goût développé chez les travailleurs d'une grande ville pour l'élégance du vêtement et de l'ameublement ; on y trouve un reflet du sentiment de la dignité personnelle, devant lequel il faut toujours s'incliner, parce qu'il est une barrière contre les plus mauvais instincts. Il faut appliquer des considérations de même nature aux tendances que nous voyons se développer vers des plaisirs trop coûteux sans doute, mais qui ont au moins l'avantage d'adoucir les habitudes de ceux qui s'y livrent et de laisser intactes et leur intelligence et leurs forces physiques. Ces objets super-flus dont nous voyons l'ouvrier s'entourer sont déjà une espèce d'épargne accumulée, non pas sans doute une épargne aussi saine et aussi sûre que pourraient le désirer le moraliste ou l'économiste ; mais enfin l'ob-servation attentive des faits y montre déjà une véritable barrière, élevée entre celui qui la possède et l'extrême misère. Lorsqu'elle existe, en effet, si un malheur temporaire survient et pèse sur l'ouvrier, il com-mence par mettre au mont-de-piété sa pendule, ses bijoux, les vête-ments de luxe de sa femme ; il n'en résultera pour lui aucune privation matérielle, mais son amour-propre en souffrira et il emploiera toute son énergie à réparer cet échec avant de tomber plus bas ; il y réussira presque toujours; car, pour un homme intelligent accoutumé au bien-être, le recours à l'assistance publique est pour lui un parti extrême dont la perspective lui est par-dessus tout odieuse.

Se contenter de peu est sans doute une vertu, lorsque la résolution en est prise avec connaissance de cause et en vue de se créer, par un travail productif et intelligent, des ressources assurées pour l'avenir ; mais si cette restriction est le fait d'une habitude routinièrement contrac-tée ou d'un défaut d'énergie, les conséquences fâcheuses s'en font aussitôt sentir, et nous allons en citer un exemple pris sous nos yeux mêmes : Paris a été abordé, depuis quelques années, par une colonie alsacienne, qui s'est fixée principalement dans les environs du quartier de la Villette et du haut du faubourg Saint-Martin, où des ecclésiastiques allemands et des religieuses du même pays ont fondé pour elle une église et des écoles où l'enseignement leur est donné dans leur propre idiome. Ces braves gens exercent à Paris les métiers les moins rétribués; on ne les voit que rarement fréquenter les cabarets, ils ont conservé les vêtements gros-siers qu'ils portaient à la campagne. Ce sont eux, leurs femmes et leurs filles qui exécutent principalement, à Paris, pendant la nuit ou dès l'aube du jour, le balayage de la voie publique pour un salaire de 1 fr. 50 c. à 2 fr. par jour. Avec cette faible rétribution, ces rudes travailleurs vivent, et quelques-uns d'entre eux envoient même un peu d'argent au pays. Mais la vie est dure, l'alimentation frugale, le logis misérable et souvent malsain ; des enfants mal soignés, presque aban-donnés pendant les heures du travail des parents, y pullulent. Que le moindre accident, qu'une maladie frappe un des membres de la famille, la misère y éclate aussitôt avec toutes ses horreurs ; c'est la contrepartie de l'Irlande à Londres. A Paris, les Allemands des 8e et 19e arrondissements contribuent pour une bonne part à maintenir encore à un certain taux le chiffre de l'indigence officielle. Il faudrait leur adjoindre, à ce point de vue, un grand nombre de familles arrivées d'autres départements, que leur langage et leur isolement ne distinguent pas comme les Allemands du reste de la population, mais qui, se contentant aussi des plus faibles salaires et n'en éprouvant aucun sentiment de honte, viennent avec la plus grande facilité réclamer leur inscription sur les contrôles des bureaux de bienfaisance, aussitôt que le domicile légal de secours leur est acquis. Cette circonstance explique bien aussi la proportion minime et toujours décroissante des natifs de Paris parmi les indigents dont nous avons donné le tableau. Elle corrobore en même temps les considérations que nous avons présentées sur la supériorité de leurs habitudes et des conditions d'existence dans lesquelles ils vivent actuellement.

Aussi, à l'exception de quelques misérables familles prises dans les conditions que je viens d'indiquer, les ouvriers, même indigents, ont à Paris une tenue convenable, et nous n'aurions donné qu'une idée incomplète du décroissement réel du paupérisme dans cette grande ville si, à côté des chiffres positifs que nous avons groupés par tableaux en commençant cette étude, nous n'insistions sur quelques autres observations de mœurs qui doivent faire penser que, même parmi la population qui consent encore à subir l'inscription au contrôle des indigents, il y a diminution réelle de misère et d'immoralité.

Un des signes les plus touchants et qui doit, ce nous semble, entraîner la conviction la plus entière à cet égard, c'est l'amour de la population pauvre pour ses enfants (1), c'est le soin avec lequel elle recherche pour eux non-seulement le bien-être matériel, mais encore l'instruction et l'éducation morale. Tandis que, dans certains pays, il faut user de

---

(1) Nous devons signaler, à cette occasion, une progression heureuse et concordante avec nos autres documents statistiques : c'est une décroissance proportionnelle dans le nombre des enfants abandonnés relativement à la population de la Seine à trois époques quinquennales successives :

	Enfants abandonnés.	Population du département.	Proportion des abandons.
1852......	2,637	1,337,153	1 sur 507
1856......	3,309	1,684,433	1 sur 509
1861......	3,309	1,903,632	1 sur 575

contrainte pour obliger les pauvres à conduire leurs enfants à l'école, à Paris, dans les faubourgs populeux, les classes municipales gratuites, sans cesse agrandies, sont sans cesse insuffisantes. Les portes des asiles destinés aux plus petits enfants et dans lesquels ils commencent à recevoir des habitudes de bonne tenue et un peu d'instruction, ne sont pas moins assiégées par les mères. C'est une chose, d'ailleurs, véritablement merveilleuse que d'observer le tact avec lequel cette population, que, d'en haut, on pourrait croire abrutie ou ignorante, sait cependant distinguer les établissements scolaires les mieux dirigés, ceux où l'ordre est le plus complétement minutieux, les progrès dans l'instruction plus assurés.

Toutes les mères, même celles qui n'ont pu mettre assez de pain dans le panier de leurs pauvres enfants, ont veillé cependant, avant le départ pour l'école, à la propreté relative de leur costume et de leur personne. Nous avons accompagné quelquefois des fonctionnaires étrangers chargés de visiter nos écoles gratuites ; ils manifestaient toujours leur étonnement de la bonne tenue de ces élèves, et ils avaient peine à se figurer qu'ils n'avaient pas sous les yeux des enfants de bourgeois, et ceci même aux jours ordinaires ; car, lorsque viennent les solennités des distributions de prix et de la première communion, il semble que toute misère ait disparu.

Le goût de la population parisienne pour l'instruction de ses enfants, en élevant sans cesse le niveau intellectuel des générations actives qui doivent nous succéder, réagit d'une manière non moins sensible sur la génération présente. On voit ces enfants, les jeunes filles surtout, dont les manières et le langage se sont modifiés par l'éducation, principalement dans les classes tenues par les Sœurs de charité, exercer l'influence la plus heureuse dans l'intérêt de la famille, et inspirer souvent à des pères dépravés une véritable honte de montrer devant elles de mauvaises habitudes et de se faire voir en état d'ivresse. Aucune propagande religieuse ou morale n'est plus touchante et plus efficace que celle qui s'opère ainsi peu à peu par l'exemple des enfants aux parents.

Ces heureux effets de l'adoucissement des mœurs par l'éducation populaire nous paraissent ne s'être jamais montrés d'une manière aussi nettement accusée que lors des troubles de 1848 à Paris. A cette époque, et déjà depuis de longues années, ainsi que nous l'avons dit, la ville de Paris avait fait des efforts considérables pour multiplier les établissements scolaires dans son enceinte, tandis que l'exiguïté des

ressources communales n'ont pas permis de suivre ce mouvement dans
les agglomérations municipales qui s'étaient formées au pied de ses
murs eux-mêmes, dont elles n'étaient séparées que par la largeur d'un
boulevard : ce sont celles qui viennent de lui être réunies et marche-
ront sans doute dans l'avenir avec elle d'un pas égal ; mais, alors, une
nuance bien sensible les distinguait entre elles, et tandis que la
population parisienne, si ardente dans la lutte, ne commettait guère
d'autres désordres matériels que ceux auxquels la passion politique
l'entraînait et se montrait presque partout gardienne irréprochable des
monuments et des propriétés publiques et particulières, l'insurrection
de la banlieue détruisait le château de M. de Rothschild, celui de Neuilly,
et brûlait les gares des chemins de fer. Hâtons-nous de dire que depuis
cette triste époque et même avant l'annexion, il avait aussi été fait des
efforts considérables dans l'ancienne banlieue pour y créer des établissements scolaires, et que sa réunion au Paris central va donner les
moyens de les étendre et de compléter leur salutaire influence.

ACTION DE LA CHARITÉ PRIVÉE

Nos recherches sur les causes de la diminution du paupérisme administratif ne seraient pas complètes si nous ne disions aussi quelques mots
de l'action de la charité privée. Jamais cette vertu n'a été si pratiquée
à Paris que depuis quelques années, et depuis le palais du souverain jusqu'à la plus humble demeure, on voit partout s'éveiller la pitié pour les
pauvres, et les œuvres collectives de bienfaisance se créer, se multiplier.
Un grand nombre d'entre elles ont pour objet le patronage et l'éducation des enfants du peuple ; elles ont puissamment secondé l'administration municipale dans la diffusion des moyens d'éducation et
revendiquent une notable part dans l'action civilisatrice dont nous
nous plaisons à constater ici les effets. D'autres ont un but exclusivement charitable ; elles ont augmenté beaucoup les moyens de
soulagement pour les pauvres, mais nous ne leur reconnaissons pas
d'action directe bien sensible sur la diminution du paupérisme dont
elles atténuent les douleurs. Nous devons insister surtout ici sur
l'espèce de charité la moins connue, la plus digne de l'être et

probablement la plus efficace à Paris : c'est celle de l'ouvrier, du pauvre pour le pauvre ; c'est celle qui ne se fait pas en argent, mais qui consiste dans l'hospitalité donnée, le repas partagé, la place au foyer accordée ; ce sont des vieillards incapables de se mouvoir, des paralytiques, nourris à tour de rôle par leurs voisins apitoyés, qui vont jusqu'à leur porter l'aliment à la bouche comme le ferait une mère à son enfant ; ce sont souvent des soins accordés à ces infirmes jusque dans les détails les plus répugnants et les plus pénibles, en attendant un placement dans un hospice toujours espéré et toujours si long à obtenir.

Quand on visite fréquemment, comme nous le faisons, ces quartiers pauvres et si populeux, ces immenses ruches ouvrières qui forment la ceinture du Paris riche et élégant, on découvre à chaque pas quelqu'un de ces actes de charité accomplis et racontés avec une simplicité qui charme, qui émeut, mais qui rassure, en montrant combien ils sont habituels à ceux qui en sont les auteurs ou les témoins immédiats. Ils font comprendre ainsi comment dans cette ville immense, lorsqu'une pauvre existence se trouve menacée de s'éteindre dans le besoin, les bons sentiments de la population venant en aide aux moyens de secours plus régulièrement organisés, la chance d'un si cruel malheur se trouve de plus en plus éloignée, et quel énorme appoint, toutes ces miettes de la charité du pauvre étant réunies viennent apporter en définitive à l'assistance publique.

INFLUENCE DES INSTITUTIONS PUBLIQUES

Nous avons dit quels efforts avait faits la ville de Paris pour l'éducation de ses jeunes enfants, et l'influence qu'ils avaient eue sur le caractère et la valeur de la génération actuelle. Si cette génération s'est trouvée plus apte à perfectionner les produits de son travail et à en accroître la richesse, plus patiente pour supporter les crises de l'industrie et les disettes alimentaires, plus conservatrice, au milieu des troubles publics, des capitaux accumulés sous toutes les formes par une civilisation raffinée avec laquelle elle s'identifie elle-même, nulles dépenses n'auront été plus productives que celles qui ont été consacrées à leur faire acquérir de telles qualités. Aussi bien qu'en croyant, comme tous les économistes, que c'est surtout dans la liberté de l'initiative individuelle qu'il faut chercher les moyens les plus sûrs du progrès, il nous paraît utile de constater encore les bons effets d'autres institutions publiques, lorsque, sans gêner le libre arbitre du citoyen, elles viennent offrir de nouveaux champs d'action à l'activité de leur intelligence.

Ainsi, à Paris, à côté de l'instruction gratuite donnée aux jeunes enfants, dont nous venons de constater les salutaires résultats, signalons encore l'enseignement supérieur des sciences et des arts offert aux travailleurs adultes, et les institutions de prévoyance auxquelles ils ont été conviés à s'associer.

L'enseignement des sciences et arts profitables à l'industrie est donné à Paris gratuitement et sous toutes les formes aux ouvriers, qui montrent généralement aussi un grand empressement à en profiter, ainsi que des bibliothèques publiques qui leur sont ouvertes. Nous devons citer en première ligne les cours faits par les éminents professeurs du Conservatoire des arts et métiers, dont les grands amphithéâtres sont toujours remplis le soir par des hommes qui ont laborieusement déjà occupé leur journée; les cours ouverts dans différents quartiers de Paris par de jeunes et savants professeurs, véritables missionnaires de la science, qui ont formé deux agrégations d'enseignement populaire, sous les noms d'associations polytechnique et philotechnique ; avec une ardeur et un désintéressement que rien ne lasse, ils ont profité de tous les locaux que l'autorité a pu mettre à leur disposition pour ouvrir gratuitement des classes et des cours fort intéressants. On voit accourir à leurs leçons des ouvriers de tous âges et de toutes professions, des commis, et jusqu'à des militaires qui obtiennent de leurs chefs la permission de suivre ces cours chaque année. Les résultats obtenus, les prix accordés, sont proclamés dans une séance solennelle, sous la présidence du Ministre de l'instruction publique, avec un éclat qui ne le cède en rien à celui du grand concours de l'Université de Paris.

Les beaux-arts, nous l'avons dit aussi, ne sont pas oubliés : dans tous les arrondissements s'ouvrent des écoles populaires, pour les hommes et pour les femmes, de dessin, de sculpture et de modelàge; des cours de musique vocale, où se forment les associations d'orphéonistes auxquelles on ne saurait trop applaudir, car elles substituent pour les travailleurs les nobles délassements que procurent les arts, aux brutales jouissances du cabaret.

Quant aux institutions de prévoyance à Paris, la situation et les développements successifs de la caisse d'épargne et de la caisse des retraites pour la vieillesse sont trop connus des lecteurs du *Journal des Économistes* qui y ont toujours pris un vif intérêt, pour que nous entrions dans de nouveaux développements à leur égard, et que nous insistions sur l'heureuse influence qu'ils ont eue certainement sur les progrès dont nous avons entrepris de tracer le tableau.

Mais nous devons parler surtout des *Sociétés de secours mutuels*, qui n'ont pas grandi encore autant que leur importance réelle pour le bien-être et la moralité des ouvriers doit le faire désirer, mais qui sont cependant entrées, depuis quelques années, dans une phase d'expansion fort intéressante à constater.

Les sociétés de secours mutuels, dont la qualification devrait être celle de *Sociétés d'assurances contre les risques de maladie*, qui indique mieux leur véritable fonction, ont une origine si ancienne, qu'il n'est pas possible d'en fixer la date. Au moyen âge elles se confondaient avec le compagnonnage et surtout avec les confréries de métiers qui donnaient des secours à leurs membres malades. Quelques unes ont continué jusqu'à nos jours à porter l'empreinte de ces antiques institutions : en effet, un moment désorganisées par la tourmente révolutionnaire, elles se reconstituèrent en grand nombre au commencement du siècle, sans modifier toutefois leurs anciens statuts. L'autorité ne leur imposait comme condition d'existence que le dépôt de leurs règlements à la préfecture de police et une demande d'autorisation qui leur était rarement refusée.

Ces anciennes sociétés subsistent encore en grand nombre ; de nouvelles se sont formées à leur exemple et n'admettent en général, à leur exemple, que des ouvriers de même profession, en excluant les femmes des bénéfices de l'association, en tant que membres actifs.

Un décret impérial du 12 mars 1862 a commencé une ère nouvelle pour ces institutions ; il a voulu, en effet, qu'une société municipale de secours mutuels fût instituée pour chaque commune, et à Paris, pour chaque quartier ; il a établi, dans une série d'articles, les conditions générales de leur existence et leur a conféré quelques priviléges en échange d'obligations particulières, telles que celles d'admettre dans leur sein des membres honoraires et de recevoir la direction d'un président nommé par l'Empereur. Ces dispositions ont été l'objet de critiques dont nous ne nous occuperons pas en ce moment; mais il est certain que ce décret a donné partout une vive impulsion aux associations de prévoyance, et à Paris il a produit ce bon effet de les faire sortir de l'ornière où les laissaient des habitudes séculaires; les sociétés municipales ont reçu des travailleurs de toutes professions, elles ont admis au bénéfice de l'assurance les femmes et les enfants, en un mot les familles tout entières. Moins routinières dans leurs allures que les anciennes sociétés libres, elles font une active propagande et étudient avec toute l'ardeur des corps nouveaux les avantages accessoires qui peuvent être obtenus en les reliant au but primitif. Le Gouvernement laissant, d'ailleurs, à l'administration de chacune d'elles une grande liberté d'action, beaucoup en ont profité pour étendre les bienfaits de l'association par des institutions de prévoyance spéciales pour les veuves et les vieillards, de tutelle et d'éducation pour les orphelins des confrères décédés, des marchés en commun pour obtenir à meilleur marché les objets de consommation usuelle, et même l'extension de l'instruction par la fondation de bibliothèques mutuelles circulantes, etc., etc. Ainsi, des milliers de travailleurs ont été appelés à s'armer par leur propre prévoyance contre les plus mauvaises chances de la vie, en s'habituant à délibérer avec calme et intelligence, dans des assemblées nombreuses, sur leurs intérêts les plus sérieux.

Néanmoins, ces institutions, quel que soit actuellement le nombre de leurs adhérents, n'en réunissent pas encore assez, proportionnellement à la masse de la population; mais que l'attention et la faveur publiques veuillent bien se porter de leur côté, et on trouvera chez elles le meilleur instrument à employer pour achever de dissiper ce qui reste d'ignorance et d'apathie parmi nous, et rendre le recours à l'assistance publique une triste mais rare exception. Puissent les recensements futurs continuer à constater, comme nous venons de le faire aujourd'hui, un décroissement indéfiniment persistant du paupérisme officiel à Paris.

FIN

731. — PARIS. — IMPRIMERIE TOUPART-DAVYL ET Cⁱᵉ, RUE DU BAC, 30.

731. — PARIS. — IMP. POUPART-DAVYL ET Cᵉ

30, RUE DU BAC, 30.

www.ingramcontent.com/pod-product-compliance
Lightning Source LLC
Chambersburg PA
CBHW070735210326
41520CB00016B/4462